BEI GRIN MACHT SICH IHR WISSEN BEZAHLT

AF144292

- Wir veröffentlichen Ihre Hausarbeit,
  Bachelor- und Masterarbeit

- Ihr eigenes eBook und Buch -
  weltweit in allen wichtigen Shops

- Verdienen Sie an jedem Verkauf

Jetzt bei www.GRIN.com hochladen
und kostenlos publizieren

Bibliografische Information der Deutschen Nationalbibliothek:

Die Deutsche Bibliothek verzeichnet diese Publikation in der Deutschen National-
bibliografie; detaillierte bibliografische Daten sind im Internet über http://dnb.d-
nb.de/ abrufbar.

Impressum:

Copyright © 2019 GRIN Verlag
Druck und Bindung: Books on Demand GmbH, Norderstedt Germany
ISBN: 9783346043658

Dieses Buch bei GRIN:

https://www.grin.com/document/502883

Klaus Bahners

Das preußische Dreiklassenwahlrecht

Modell einer Facharbeit

GRIN Verlag

Das preußische Dreiklassenwahlrecht.
Modell einer Facharbeit

Klaus Bahners

Düsseldorf 2019

Im Jahre 2019 liegt es nahe, sich im Geschichtsunterricht der gymnasialen Oberstufe mit den politischen Ereignissen des Jahres 1918/19 zu beschäftigen[1]. Auf diesem Hintergrund lässt sich eine ganze Reihe von Themen für Facharbeiten ableiten[2]. Um dem Anspruch einer selbständigen, wissenschaftspropädeutischen Arbeit zu genügen, die in ihrem Anforderungsbereich (z.T. weit) über ein traditionelles Referat hinausgeht, soll der Schüler[3] zu einer ersten, wenn auch bescheidenen Forscher-Tätigkeit motiviert und angeleitet werden. Daher werden für die vorliegende Arbeit vom Fachlehrer drei Bedingungen gestellt, die den Untersuchungszeitraum, den historisch-politischen Raum und die Grundproblematik betreffen: Es soll sich 1. um den bis heute noch als starken Bruch erlebten und ins kollektive Gedächtnis eingegangenen Zeitabschnitt vom Ende des Bismarck-Reiches bis zu den Anfängen der Weimarer Republik, 2. um eine lokal- oder regionalgeschichtliche Untersuchung – bezogen auf Düsseldorf - und 3. um die Beantwortung der Frage handeln, wie der Prozess des Übergangs von un- bzw. vordemokratischen Verhältnissen zur Demokratie anhand einer Fallstudie sicht- und wissenschaftlich nachweisbar gemacht werden kann.

Um sich in die historische Situation einzulesen und eventuell schon in dieser frühen Phase einen Themenkreis für die Facharbeit zu finden und ggfs. einzugrenzen, sei das Studium des Abschnitts „Umbruch und Revolutionsversuche" im Kapitel „Düsseldorf in der Weimarer Republik" von Peter Hüttenberger[4] empfohlen. Dort könnte man über den Satz ‚stolpern', dass während der Konstituierung des Düsseldorfer Arbeiterrates „die Vorbereitungen zu den ersten Kommunalwahlen nach Abschaffung des alten preußischen Dreiklassenwahlrechts" liefen [5]. Diese Wahlen fanden dann lt. Hüttenberger am 16.März 1919 statt.

Den Schülern ist aufgrund des Unterrichts bzw. der entsprechenden Schulgeschichtsbücher natürlich bekannt, dass die National-

---

[1] In diesem Jahr gibt es zahlreiche „Gedenkjahre", die auf „9" enden und uns in besonderer Weise betreffen: 1789, (1848)/1849, (1918)/1919, 1939, (1948)/1949 und 1989/(1990). Vgl. außerdem Johannes Willms, Der 9. November, München: Beck 1994 (Beck'sche Reihe 1057) zum vierfachen Gedenktag „9. November".
[2] Landesinstitut für Schule und Weiterbildung (Hg.), Empfehlungen und Hinweise zur Facharbeit in der gymnasialen Oberstufe, 1. Aufl. Soest 1999; Klaus Bahners, Facharbeiten in der gymnasialen Oberstufe, München: GRIN-Verlag 2006.
[3] Im folgenden werden immer nur die maskulinen Formen genannt; das natürliche weibliche Geschlecht ist dann inbegriffen.
[4] Peter Hüttenberger, Die Industrie- und Verwaltungsstadt (20. Jhdt.), in: Hugo Weidenhaupt (Hg.), Düsseldorf – Geschichte von den Anfängen bis ins 20. Jahrhundert, Bd. 3, Düsseldorf: Schwann 1989, S. 264-303.
[5] ebd. S. 292. Der in Anm. 21 zitierte Bericht weist darauf hin, dass am 16.3.1919 im rechtsrheinischen Teil Düsseldorfs eine Nachwahl stattfand, weil die auf den 23.2.1919 angesetzten Wahlen erheblich gestört wurden.

versammlung am 19.1.1919 gewählt wurde, und zwar u.a. aufgrund eines modernen, demokratischen Wahlrechts. Ein sogenanntes allgemeines, direktes und geheimes Wahlrecht kannte – jedoch nur für Männer! – ja auch schon die Bismarck'sche Reichsverfassung in ihrem Artikel 20, nicht jedoch das Land Preußen. Von einem deutschen Kommunalwahlrecht im 19. Jahrhundert war – mit Ausnahme gelegentlicher, mehr oder weniger ausführlicher Erwähnung der Städteordnung des Freiherrn vom Stein von 1808 – im Unterricht bzw. in den Schulbüchern nie die Rede. Das für das preußische Abgeordnetenhaus geltende Dreiklassenwahlrecht ist den Schülern in der Regel bekannt, kann man an ihm doch sehr gut u.a. das ganz grundsätzliche Problem des Zensuswahlrechts und das „Spannungsverhältnis" zwischen dem Deutschen Reich und dem Land Preußen erarbeiten, das rund 2/3 der Fläche und rund 2/3 der Bevölkerung des Kaiserreiches von 1871 umfasste.

Wahlen sind eine moderne Form der Herrschaftsbestellung[6], die für uns heute ganz fest mit dem Begriff ‚Demokratie' verbunden sind, unabhängig davon, ob der jeweilige Staat (bzw. das Herrschaftsgebiet) eine Monarchie oder eine Republik ist. Als demokratisch gilt eine Wahl, wenn sie die vier Kriterien ‚allgemein', ‚gleich', ‚unmittelbar' und ‚geheim' erfüllt; zumeist wird als fünfte Kategorie noch ‚frei' genannt[7].

Insofern erfüllte das Wahlrecht für die Zweite Kammer des preußischen Parlaments nicht die (mindestens) vier Bedingungen einer demokratischen Wahl[8]. Denn das in der Verfassung von 1850 verankerte Dreiklassenwahlrecht verstieß gegen den Grundsatz

- ‚allgemein', u.a. weil es ein reines Männerwahlrecht war und ein bestimmter Besitz für das aktive Wahlrecht vorausgesetzt wurde,
- ‚gleich', weil die abgegebenen Stimmen der Urwähler ein ungleiches Gewicht hatten, was wiederum ursächlich mit dem ungleichen Steueraufkommen der preußischen Bürger zusammenhängt,
- ‚unmittelbar', weil die Urwähler Wahlmänner wählten (also eine Zwischeninstanz), die ihrerseits die Abgeordneten wählten, und
- ‚geheim', weil die Stimmabgabe öffentlich war.

---

[6] Staatslexikon, Bd. 5, Freiburg/Basel/Wien: Herder 1989, Artikel „Wahlen", Spalte 828-843.
[7] ebd. Spalte 831-832; bezüglich „frei" macht Eckhard Jesse – Sp. 832 - eine deutliche Einschränkung.
[8] Wikipedia, Dreiklassenwahlrecht, abgerufen am 17.9.2019; Ernst Rudolf Huber, Dokumente zur deutschen Verfassungsgeschichte, Bd. I, Stuttgart/Berlin/Köln/Mainz: Kohlhammer 1978, S. 497-501, S. 501-514; ders., Deutsche Verfassungsgeschichte seit 1789, Bd. III, Stuttgart/Berlin/Köln/Mainz: Kohlhammer 1978, S. 49-51, S. 85-94.

Wenn man nach diesen Präliminarien auf die Aufgabenstellung und die Vorgaben des Fachlehrers zurückkommt, käme man mit ‚Zeitraum' und ‚Problemstellung' der Themenfindung schon recht nahe. Aber Berlin ist nicht Düsseldorf (was ja als räumliche Eingrenzung vorgegeben war); und eine Fallstudie ist daher noch nicht in Sicht. Da kommt uns Hüttenberger zu Hilfe: Er sprach ja von den „ersten Kommunalwahlen nach Abschaffung des alten preußischen Dreiklassenwahlrechts". Demnach sieht es so aus, als ob dieses Zensuswahlrecht auch für die preußischen Kommunen galt. Sollte sich von hier aus die Erfüllung der dritten Vorbedingung für diese Facharbeit ergeben, d.h. die Konkretisierung des zu untersuchenden Gegenstandes auf die Lokal- bzw. Regionalgeschichte?

In „Preußen im Westen" von Wilhelm Ribhegge lesen wir zum Zeitraum 1815-1848: „In den Städten und Gemeinden Westfalens und des Rheinlandes galt zunächst noch die unter der französischen Verwaltung eingeführte Bürgermeisterverfassung, die nicht zwischen Stadt und Land unterschied. (...) Im Rheinland galt weiterhin die französische Munizipalverfassung bis 1845, als die "Rheinische Gemeindeordnung" mit Zustimmung des Provinziallandtags in Kraft trat. Sie führte ein kommunales Dreiklassenwahlrecht ein, wobei die drei Wählerklassen durch eine Drittelung des Gesamtsteueraufkommens ermittelt wurden. Das führte dazu, dass in der Rheinprovinz nur ein kleiner Teil der Bevölkerung bei den Kommunalwahlen wahlberechtigt war. Von den 85.000 Einwohnern Kölns waren nur 4.045 wahlberechtigt. Davon entfielen 533 Wähler (13 %) auf die erste, 1.262 (31 %) auf die zweite und 2.304 (56 %) auf die dritte Klasse."[9] Bei Huber[10] gibt es einen Abschnitt über die Geschichte der preußischen Gemeindeverfassung, aus dem wir ergänzende Informationen entnehmen, nämlich dass 1853 die Gemeindeordnung aufgehoben wurde. „Die an Stelle der Gemeindeordnung erlassenen neuen Landgemeinde- und Städteordnungen führten das alte Gemeindeverfassungssystem, das Stadt und Land unterschied, ... wieder ein." Weiter erfahren wir, dass die „Rheinische Gemeindeordnung" von 1845 für die Rheinprovinz wieder durch das „Gemeindeverfassungsgesetz" vom 15. Mai 1856 in Kraft gesetzt wurde; an demselben Tag trat auch die „Städteordnung für die Rheinprovinz" in Kraft[11].

Auf diese Art und Weise lernen wir, dass wir bei der preußischen Kommunalverfassung zwischen ‚Städten' und ‚Landgemeinden' unterscheiden müssen. Und da wir davon ausgehen, dass Düsseldorf

---

[9] Wilhelm Ribhegge, Preußen im Westen, Münster: Aschendorff 2008, S. 70-71.
[10] Huber, Verfassungsgeschichte (s. Anm. 8), S. 126-128, hier S. 127.
[11] ebd. S. 66-67.

irgendwann im 19. Jahrhundert eine – in diesem Sinne ! - ‚Stadt' wurde und daher die Städteordnung von 1856 herangezogen werden muss, die für Städte ab einer Einwohnerzahl von 10.000 galt, schauen wir bei Joachim Lilla[12] nach, ob wir hinsichtlich unserer Frage nach dem Stand der demokratischen Wahlprinzipien weiter kommen: Die Mitgliederzahl der Stadtverordnetenversammlungen richtete sich nach der Anzahl der Einwohner. Hatte eine Stadt z.B. über 30.000 Einwohner, so waren ursprünglich 30 Stadtverordnete zu wählen. Dabei galt, wie oben angedeutet, das Dreiklassenwahlrecht; in den entsprechenden Dokumenten wird immer der Begriff „Abteilung" – also nicht „Klasse" – verwendet. Außerdem galt: „Die Hälfte der von jeder Abteilung zu wählenden Stadtverordneten muss aus Hausbesitzern .. bestehen" (§ 15). Diese Städteordnung hat hinsichtlich der Frage nach den demokratischen Prinzipien insofern einen Schritt nach vorne getan, als sie eine direkte Wahl war; nach wie vor wurde aber der Grundsatz der Gleichheit des Stimmengewichts und der Allgemeinheit der Wahl nicht beachtet[13]. Was Huber[14] für das preußische Abgeordnetenhaus sagt, gilt analog auch für die Kommunalwahlen: „Die Wählerklassen deckten sich keineswegs mit der sozialen Gliederung des Volkes in reiche, bürgerlich-wohlhabende und ärmere Schichten. Vielmehr rechnete der gebildete und besitzende Mittelstand .. aufgrund der Verteilung der Steuerklassen vielfach zur Klasse III. In überraschendem Maße wählten hochgestellte Persönlichkeiten des öffentlichen Lebens in der Dritten Klasse. (...) Andererseits konnten selbst Arbeiter .. bei einer relativ gering über dem Durchschnitt liegenden Steuerleistung in die Zweite oder gar in die Erste Klasse aufsteigen (...)."

Wenden wir uns nun dem konkreten Beispiel Düsseldorf zu: Aufgrund der Eingemeindungswelle von 1908/1909 war die Zahl der Stadtverordneten ab 1.1.1909 auf 45 gestiegen, wenig später auf 57. Im Düsseldorfer Verwaltungsbericht für den Zeitraum 1910/1911[15] werden

---

[12] Joachim Lilla, Die Städt-Ordnung für die Rheinprovinz vom 13. Mai 1856, Der Niederrhein H.1/2007, S. 20-25, hier S. 20-21. Text der Städteordnung in Hugo Reichelt, Verwaltungsgesetzbuch für Preußen, Berlin 1914, S. 154-168.
[13] Weitere Literatur: Karl-Georg Faber, Die kommunale Selbstverwaltung in der Rheinprovinz im 19. Jahrhundert, Rheinische Vierteljahresblätter Bd. 30 (1965), S.132-151; Rudolf Vierhaus, Preußen und die Rheinlande 1815-1915, Rheinische Vierteljahresblätter Bd. 30 (1965), S. 152-175; Wolfgang R. Krabbe, Eingemeindungsprobleme vor dem Ersten Weltkrieg: Motive, Widerstände und Verfahrensweise, Die alte Stadt 7 (1980), S. 368-387. Wer sich für die gesamte preußische Geschichte interessiert, soll zu Christopher Clark, Preußen. Aufstieg und Niedergang 1600-1947, München: DVA 2008, greifen.
[14] Huber (s. Anm. 10), S. 91-92.
[15] Verwaltungsbericht der Stadt Düsseldorf für den Zeitraum vom 1. April 1909 bis zum 31. März 1910, Düsseldorf 1910, S. 6; Verwaltungsbericht der Stadt Düsseldorf für den Zeitraum 1910/1911, Düsseldorf 1911, S. 4; Verwaltungsbericht der Stadt Düsseldorf für den Zeitraum 1911/1912, Düsseldorf 1912, S. 6; Pädagogisches Institut der Landeshauptstadt Düsseldorf (Hg.), Dokumentation zur Geschichte der Stadt Düsseldorf. Bd. 7: Düsseldorf 1850-1914. Das Zeitalter der Industrialisierung, Düsseldorf 1986, S. 452.

alle 57 Mitglieder der Stadtverordnetenversammlung namentlich aufgeführt; ebenso werden die entsprechenden 19 Wahlbezirke genannt, in denen jeweils drei Stadtverordnete – für jede ,Abteilung' einen – gewählt wurden. Durch die Eingemeindung der ehemaligen Landgemeinde Heerdt – bestehend aus den Ortsteilen Heerdt, Lörick, Nieder- und Oberkassel – nach Düsseldorf zum 1.4.1909 waren bei der Kommunalwahl von 1909 drei Stadtverordnete zu wählen, weil dieses nun linksrheinische Düsseldorf einen der insgesamt 19 Wahlbezirke bildete. Die etwa 13.200 Einwohner starke ehemalige Landgemeinde Heerdt hatte seinerzeit „1.873 Wahlberechtigte, von denen nur 959 von ihrem Wahlrecht Gebrauch machten." Dass nur rd. 14,2% der Heerdter Bewohner wahlberechtigt waren, liegt nicht nur an der Anzahl der nicht wahlberechtigten Frauen und Kinder, sondern auch an den hohen Auflagen für das aktive Wahlrecht, das damit das demokratische Erfordernis einer ,allgemeinen' Wahl nicht erfüllte. Der Eingemeindungsvertrag zwischen der Landgemeinde Heerdt und der Stadt Düsseldorf „sah aber vor, dass einer der drei neuen Stadtverordneten aus dem linksrheinischen Düsseldorf mit Ablauf des Jahres 1910 ausscheiden und durch ein neues, auf sechs Jahre gewähltes Mitglied ersetzt werden musste. Das Los traf nun den Vertreter der dritten Abteilung, den Schlosser Peter Bontenakels. Dadurch kam es bereits 1910 wieder zum Wahlkampf, in dem von den vier Kandidaten drei in Heerdt ansässig waren: einer vom ,Bürgerverein', einer vom ,Zentrum' und ein liberaler, nur der Sozialdemokrat wohnte in Oberkassel."[16] Der Zentrumskandidat Benedikt Bahners wurde nach der Mitteilung der Stadtverwaltung mit der notwendigen absoluten Mehrheit von 731 Stimmen – bei insgesamt 1.326 abgegebenen Stimmen - gewählt[17].

Da wir auch mit diesen Ausführungen zu einer Kommunalwahl hinsichtlich unserer Grundfrage nach der historischen Entwicklung in Richtung ,Demokratie' – sieht man einmal von der Tatsache der direkten Wahl ab – nicht viel weiter gekommen sind, wenden wir uns dem bereits oben genannten Bereich ,Landgemeinde' zu und versuchen herauszufinden, ob uns die Landgemeinde Heerdt, solange sie noch als selbständige existierte, bei der Frage nach der Demokratisierung weiter hilft, zumal uns dazu zahlreiche Materialien vorliegen, nämlich zum einen der Text der Landgemeindeordnung von 1845, zum andern fast alle

---

[16] Klaus Bahners, Die Kommunalwahlen in Heerdt vor 100 Jahren, in: ders., Neue Beiträge zur Heerdter Geschichte, Düsseldorf 2010, S. 21-24, hier S. 21-22.
[17] ebd., S. 22-23. Es gibt bzgl. des Wahlergebnisses unterschiedliche Angaben in der lokalen bzw. offiziellen Presse vom 11. bzw. 15. November 1910, die minimal und für unseren Zusammenhang unbedeutend sind.

Dokumente, die das Thema ‚Eingemeindung von Heerdt nach Düsseldorf im ersten Jahrzehnt des 20. Jahrhunderts'[18] tangieren.

Beginnen wir dazu mit dem Abdruck von Auszügen aus der Landgemeindeordnung[19]:

„§§ 33 und 34. Zur Teilnahme an den öffentlichen Geschäften der Gemeinde (Gemeinderecht) sind nur diejenigen Mitglieder der Gemeinde berechtigt (Meistbeerbte), welche I. preußische Untertagen und selbständig sind, und II. seit einem Jahre 1. keine Armenunterstützung aus öffentlichen Mitteln empfangen, 2. die sie betreffenden Gemeindeabgaben bezahlt haben und 3.a) in dem Gemeindebezirke mit einem Wohnhause angesessen sind und von ihren daselbst gelegenen Grundbesitzungen zu einem Grund- und Gebäudesteuerbetrag von mindestens sechs Mark veranlagt sind; doch kann dieser Satz, wo besondere Ortsverhältnisse es nötig machen, ausnahmsweise mit Genehmigung des Kreisausschusses geringer festgesetzt werden, oder b) ihren Wohnsitz im Gemeindebezirke haben und außerdem entweder zur Staatseinkommensteuer veranlagt sind oder ein Einkommen von mehr als 600 Mark beziehen. (...)

§ 35. Das Gemeinderecht kann nur von den Meistbeerbten männlichen Geschlechts ausgeübt werden, welche das 24. Lebensjahr zurückgelegt haben. (...)

§ 46. In denjenigen Gemeinden, welche durch gewählte Verordnete vertreten werden, gehören zum Gemeinderat außer diesen Verordneten auch die im Gemeindebezirke mit einem Wohnhause angesessenen meistbegüterten Grundeigentümer, welche von ihrem im Gemeindebezirke gelegenen Grundbesitze zu mindestens einhundertfünfzig Mark Grund- und Gebäudesteuer jährlich veranlagt sind (...).

§ 47. Die Zahl der zu wählenden Gemeindeverordneten wird wie folgt festgesetzt: von weniger als 1.000 Einwohnern auf 6, von 1.000 bis 3.000 Einwohnern auf 12, von 3.001 bis 10.000 Einwohnern auf 18, von 10.001 bis 30.000 Einwohnern auf 24, von mehr als 30.000 Einwohnern auf 30. (...).

§ 49. Die Gemeindeverordneten werden durch die zur Ausübung des Gemeinderechts befähigten Gemeindeglieder, mit Ausnahme der im § 46 erwähnten meistbegüterten Grundeigentümer, welche ohne Wahl zum Gemeinderate gehören, aus ihrer Mitte auf sechs Jahre gewählt. Alle drei Jahre scheidet die Hälfte der Gemeindeverordneten aus, an deren Stelle neue zu wählen sind. Die Ausgeschiedenen sind wieder wählbar. Die Ausscheidung erfolgt bei dem Ablaufe der ersten dreijährigen Wahlperiode nach dem Lose, nachher nach dem Wahlturnus.

§ 50. Zum Behufe der Wahlen (§ 49) werden die Meistbeerbten und die wahlberechtigten Meistbegüterten nach Maßgabe der von ihnen zu entrichtenden

---

[18] Klaus Bahners, Die Eingemeindung von Heerdt am 1 April 1909, in Heerdt im Wandel der Zeit II, Düsseldorf 1980, S. 31-38; Nikolaus Knopp, Denkschrift zur Einleitung der Verhandlungen über die Anträge der Stadtverwaltungen zu Düsseldorf und Neuß auf Eingemeindung von Heerdt nach Düsseldorf oder Neuß, 1908; Bericht über den Stand und die Verwaltung der Gemeinde-Angelegenheiten der Stadt Düsseldorf für den Zeitraum 1. April 1909 bis 31. März 1910, S. XX bis XXII.
[19] Reichelt (s. Anm. 12), S. 254-257.

direkten Staats-, Gemeinde-, Kreis- und Provinzialsteuern in drei Abteilungen geteilt, und zwar in der Art, dass auf jede Abteilung ein Drittel der Gesamtsumme der Steuerbeträge aller Wähler fällt, wobei die Grund- und Gebäudesteuer derjenigen meistbegüterten Grundeigentümer, welche an der Wahl nicht teilnehmen, außer Anrechnung bleibt. (...)

§ 51. Jede Abteilung wählt für sich eine gleiche Anzahl von Gemeindeverordneten, die Wahl ist aber an die Mitglieder dieser Abteilung nicht gebunden. (...)."[20]

Es fällt auf, dass die zitierten Vorschriften weitgehend mit der Städteordnung übereinstimmen; nur in § 46 gibt es eine merkwürdige Besonderheit: Ohne ausdrückliche Wahl werden die „meistbegüterten Grundeigentümer" zu gleichberechtigten Ratsmitgliedern! Das heißt mit anderen Worten, dass dieses ohnehin undemokratische Dreiklassenwahlrecht noch verschärft wird durch das zusätzliche politische Gewicht der Vertreter des mehr oder weniger wohlhabenden Besitzbürgertums. Im übrigen hat als Folge der Novemberrevolution erst der § 4 der „Verordnung über die anderweitige Regelung des Gemeindewahlrechts" der Preußischen Regierung vom 24.01.1919 diesen § 46 aufgehoben. Jedoch war für Heerdt diese Entscheidung insofern irrelevant, weil es damals ja keine Landgemeinde mehr war, sondern Teil der Stadt Düsseldorf. Im „Verwaltungsbericht der Stadt Düsseldorf für die Jahre 1914-1918"[21] heißt es: „Nach dieser Verordnung bildet der Stadtkreis Düsseldorf für die Stadt-verordnetenwahlen ... nur einen Wahlkreis. Die Zahl der Stadt-verordneten wurde von 57 auf 84 erhöht. Die Wahlen finden nicht mehr in Klassen und nach der Steuerleistung, sondern, wie im Reich, geheim, unmittelbar und nach den Grundsätzen der Verhältniswahl statt." Unerwähnt bleibt hier, dass inzwischen auch das Frauenwahlrecht eingeführt wurde, so dass man jetzt auch auf kommunaler Ebene von dem uns vertrauten allgemeinen, gleichen, geheimen, direkten und freien Wahlrecht sprechen kann.

In Düsseldorf-Heerdt ist seit Jahrzehnten mehr oder weniger präzise bekannt, dass die Frage nach der Eingemeindung nach Düsseldorf von der Mehrheit der Ratsmitglieder am 2.12.1908 mit „ja" beantwortet wurde und dass – ganz grob gesagt – die Oberkasseler entsprechend votierten, während die Heerdter überwiegend mit „nein" gestimmt hatten. Es hätte aber schon längst auffallen können, dass bei der kleinen Gemeinde Heerdt immer von insgesamt 41 Ratsmitgliedern die Rede war, während die große Stadt Düsseldorf etwa bis 1908 insgesamt nur 36 Stadtverordnete zählte, die – wie oben dargestellt – zuerst auf 45, dann wegen der umfangreichen Eingemeindungen in 1908/1909 auf 57

---

[20] Der in § 46 zitierte Mindestsatz von 150 Mark belief sich bei Inkrafttreten des Gesetzes auf 50 Taler.
[21] Verwaltungsbericht der Stadt Düsseldorf für die Jahre 1914-1918, S. 13.

aufgestockt wurden, was ja immer noch ein Missverhältnis zur Zahl der Ratsherren der ehemaligen Landgemeinde Heerdt war: In der auch für Düsseldorf geltenden Städteordnung waren die aus § 46 der Landgemeindeordnung bekannten „geborenen" bzw. „berufenen" Mitglieder nicht vorgesehen. Wir sind meilenweit von dem entfernt, was heute als „gleichwertige Lebensverhältnisse" Verfassungsrang hat und in der Öffentlichkeit kontrovers diskutiert wird – hier bezogen auf das Verhältnis von Stadt (Düsseldorf) und Land (Heerdt).

Um die Entwicklung der Mandatszahlen im Heerdter Gemeinderat besser beurteilen zu können, haben wir für die Jahre 1902-1908 die auf Seite 13 abgedruckte Tabelle zusammengestellt[22]. Die Spalte 1 dieser Tabelle enthält die Namen aller Heerdter Ratsmitglieder von 1902-1908. Die nachfolgenden 6 Spalten zeigen an, zu welchem Zeitpunkt die jeweils genannte Person Ratsmitglied war bzw. in den Gemeinderat gewählt oder nach § 46 der Landgemeindeordnung in den Rat berufen wurde. In den Spalten 8-13 ist angegeben, welchem Ortsteil der jeweilige Ratsherr bei der Wahl vom 2.12.1908 zuzuordnen ist und wie er dabei abgestimmt hat. Auf der Grundlage des § 46 der Gemeindeordnung und des Düsseldorfer Adressbuches von 1909 gibt die Spalte 15 für Dezember 1908 die 17 so genannten „geborenen" Mitglieder an; die Spalte 16 listet die im Dezember 1908 gewählten 24 Mitglieder auf. Oberkassel hatte 14 „geborene" und 11 gewählte Mitglieder; von den Heerdter Ratsmitgliedern waren drei „geborene" und 10 gewählte. Die zwei Vertreter aus Niederkassel und der Löricker Ratsherr waren gewählt worden[23]. Es ist nicht verwunderlich, wenn Karl-Georg Faber[24] in seinem zitierten Aufsatz darauf hinweist, dass in manchen Landgemeinden die Zahl der „geborenen" Ratsmitglieder größer war als die der gewählten. In der Landgemeinde Heerdt war sie seit 1905/1906 immerhin von 2 (Spalten 4 und 5)[25] auf 17 (Spalte 15) angestiegen.

---

[22] Als Quelle hierzu dienten die Akte XV 694 im Stadtarchiv Düsseldorf, die Düsseldorfer Adressbücher der entsprechenden Jahre und verschiedene Beiträge aus der Zeitschrift Die Heimat. Auf die zahlreichen Einzelnachweise wird hier verzichtet.

[23] Kontrollrechnung: Die Gesamtmitgliederzahl beträgt 41 (Spalte 7). Die Summe der Ratsmitglieder in den Spalten 8-11 ergibt 41; die Summe in den Spalten 12-14 ergibt 41; die Summe in den Spalten 15-16 ergibt 41.

[24] Faber (s. Anm. 13), S. 142.

[25] Aufgrund des § 47 der Gemeindeordnung mussten – wie die Spalten 2,3 und 6 andeuten – 18 Ratsherren gewählt werden. Da die Spalten 4 und 5 aber eine Summe von jeweils 20 angeben, müssen zwei der genanten Ratsherren „geborene" Mitglieder gewesen sein. Nach Abschluss des Manuskripts finden wir in der UB der Universität Düsseldorf das Mikrofiche der Dokumentation ‚Bürgermeisterei Heerdt' zum Jahr 1908, wonach es zwischen Februar 1908 und Dezember 1908 insgesamt 24 Ratsmitglieder gab, von denen 7 aus Heerdt, 14 aus Oberkassel, 2 aus Niederkassel und 1 aus Lörick kamen; eine numerische Aufteilung in gewählte und „geborene" Ratsherren gibt diese Quelle nicht (an). Eventuell entspricht die Summe von 24 Ratsherren der gesetzlich vorgeschriebenen Zahl von zu wählenden Kandidaten, die ab 10.000 Einwohner so vorgesehen ist. Im übrigen spiegelt sich in der zeitlich dichten Abfolge von unterschiedlichen Gesamtzahlen der Mitglieder des Heerdter Gemeinderates in der Tabelle auf S. 13 wohl auch der seinerzeit immer

Neben dieser Ratsvergrößerung durch die nicht gewählten neuen Mitglieder fällt auf, dass die Zahl der zusätzlich zu wählenden sechs Ratsmitglieder - weil die Gemeinde im Jahr 1906 die Einwohnerzahl von 10.000 erreicht und überschritten hatte - vor allem aus Oberkassel kamen, das am 2.12.1908 knapp 2/3 aller Ratsmitglieder stellte; auch die „geborenen" Mitglieder kamen, wie wir oben gesehen haben, vorwiegend aus Oberkassel.

Wie ist dieses Phänomen zu erklären, und welche Bedeutung hatte es für die Abstimmung über die Eingemeindung von Heerdt nach Düsseldorf? Lange hatte der Ortsteil Heerdt – mit Kirche, Friedhof, Rathaus und Krankenhaus infrastruktureller und religiöser Sitz der Landgemeinde Heerdt[26] – im Verhältnis zu Lörick, Niederkassel und Oberkassel die höchste Einwohnerzahl. Dies veränderte sich zuerst allmählich, dann rasant, als nach dem Bau der Oberkasseler Brücke (1896-1898) und dem Vertrag der Gemeinde Heerdt mit der Rheinischen Bahngesellschaft vom 23.12.1897 bezüglich Energieversorgung und Überlassung von Straßen zur Bebauung und Nutzung eine starke Bautätigkeit besonders in Oberkassel einsetzte, in das zahlreiche Angehörige des Besitz- und Bildungsbürgertums von der anderen Rheinseite zogen. Wie deutlich geworden ist, ist das Abstimmungsverhältnis (und –ergebnis) nicht nach parteipolitischer Zugehörigkeit der Mandatsträger zu erklären, sondern fast ausschließlich nach ihrer Gebundenheit an Oberkassel oder Heerdt Lörick und Niederkassel können hier als ‚quantité négligeable' fortfallen.

Der räumlichen Orientierung der Oberkasseler nach Düsseldorf und der Heerdter nach Neuss entspricht eine sozio-ökonomische Schichtenzugehörigkeit, die letztlich mit Bildung und Ausbildung zusammenhängt. Während – wie die entsprechenden Adressbücher für 1904, 1906 und 1908 ausweisen – unter den 10 gewählten Heerdter Vertretern 2 Akademiker, 1 Fabrikbesitzer, 4 Handwerker und Einzelhändler (je 1 Werkmeister, Metzgermeister, Sattler und Butter-

---

wieder aufflackernde Streit – mit dem Vorwurf einer ‚Manipulation' - um den Zuschnitt der Wahlbezirke wider, der auch eine wichtige Rolle in der Protestnote der Heerdter an das Preußische Abgeordnetenhaus spielt, worauf hier nicht weiter eingegangen werden kann. Vgl. auch Klaus Bahners, Die Gemeinderatsabstimmung vom 2.12.1908 über die Eingemeindung von Heerdt nach Düsseldorf zum 1.4.1909, Heerdt im Wandel der Zeit VIII, Düsseldorf 2015, S. 55-60.

[26] Noch heute gilt für sämtliche Grundstücke des linksrheinischen Düsseldorf das Grundbuch von Heerdt. Interessant ist festzustellen, dass es aktuell insofern eine Rückbesinnung auf das Zentrum Heerdt gibt, als der Sitz der Bezirksverwaltung und der Bezirksvertretung der vier linksrheinischen Düsseldorfer Stadtteile (beileibe keine Gemeindeverwaltung und kein Gemeinderat !) in Kürze nach Heerdt zurückkehren wird und dass zur Zeit ein Mietwohnhaus am alten Dorfplatz entsteht, das in seiner äußeren Form bewusst die Struktur des ehemaligen Heerdter Rathauses aufgreift, das 1929 abgerissen wurde. Vgl. hierzu Norbert Schloßmacher, Das Heerdter Rathaus. Zugleich ein Blick auf die Verwaltungsgeschichte Heerdts und auf seine Bürgermeister, Heerdt im Wandel der Zeit VII, Düsseldorf 2009, S. 239-251.

und Eierhändler), dazu ein Landwirt, ein Spediteur und ein Buchhalter waren und außerdem zu den drei „berufenen" Ratsherren zwei Fabrikbesitzer und ein Guts- und Ziegeleibesitzer gehörten, sah es in Oberkassel ganz anders aus: Hier waren unter den 25 Ratsherren (mindestens) 6 Akademiker, aus der Baubranche 1 Bauunternehmer, 1 Bautechniker, 1 Ziegeleibesitzer und 1 Bauunternehmer/Architekt. Sonstige bürgerliche Berufe waren durch einen Bankier, einen Rheinbahndirektor, einen Buchdruckereibesitzer, einen Fabrikbesitzer und 4 Kaufleute vertreten. Schließlich zählten zu den 25 Oberkasseler Ratsherren 1 Generalsekretär (Syndikus), 1 Provinzialsekretär, 1 Buchhalter, 1 Bürochef und 3 Rentner. Handwerker, Landwirte und Einzelhändler aus Oberkassel fehlten unter den Mandatsträgern völlig.

Hier standen sich – überpointiert formuliert – ein neuer, im Werden begriffener Teil der aufblühenden Verwaltungs-, Wirtschafts- und Kunststadt Düsseldorf und das jahrhundertealte, von Landwirtschaft, Handwerk und bald auch von Industrie geprägte Dorf Heerdt gegenüber, für dessen Einwohner der Rhein bis 1898 eine Grenze war, die es nach Neuss nie gegeben hat. Noch heute hat der Stadtteil Oberkassel den weitaus größten Anteil an denkmalgeschützten Häusern in Düsseldorf aus dieser Zeit. Und noch heute zählt Oberkassel zu den attraktivsten Stadtteilen, vor allem zum Wohnen. Da die Affinität der damaligen Oberkasseler Neubürger zu Düsseldorf natürlich erheblich größer war als die traditionelle Verbindung der Heerdter zu Neuss, war es also im Grunde genommen nur eine Frage der Zeit, bis aufgrund der Wahlvorschriften der Gemeindeordnung der Heerdter Gemeinderat von den Oberkasselern dominiert wurde. Und mit einer geschickten Taktik und Verhandlungsführung des damaligen Heerdter Bürgermeisters Nikolaus Knopp[27] kam es dann zu dem in der Tabelle auf S. 13 erkennbaren Ergebnis, dass am 2.12.1908 von den 40 anwesenden Ratsherren 27 für die Eingemeindung von Heerdt nach Düsseldorf zum 1.4.1909 stimmten[28]. Den Heerdtern blieb dann nur noch der – letztlich vergebliche – Protest beim Preußischen Abgeordnetenhaus.

---

[27] Vgl. Gisbert Knopp, Nikolaus Knopp – Bürgermeister der Gemeinde Heerdt und Beigeordneter der Stadt Düsseldorf, Heerdt im Wandel der Zeit VII, Düsseldorf 2009, S. 312-324. Zu den jahrhundertelangen Kontakten von Heerdt zu Neuss vgl. Norbert Schloßmacher, Heerdt und Neuss – eine jahrhundertealte Beziehung, Heerdt im Wandel der Zeit VIII, Düsseldorf 2015, S. 28-54.
[28] Die Gesamtbevölkerung war lt. Knopp von 1900 bis 1907 von 6.043 auf 11.712 angestiegen. Dieser Zuwachs verteilt sich auf die 4 Ortschaften wie folgt: Heerdt von 2.685 auf 3.934, Oberkassel von 2.158 auf 6.365, Niederkassel von 895 auf 1.096, Lörick von 305 auf 317; siehe dazu Nikolaus Knopp, Denkschrift (s. Anm. 18), S.8. Vgl. ders., Telegramm aus Heerdt über die Eingemeindung betreffend. An Herrn Königlichen Landrat zu Neuss, 23.12.1908, Stadtarchiv Düsseldorf, Akte 694 (hier das genaue Ergebnis der Abstimmung); Kreis Neuss, Auszug aus dem Protokoll-Buche des Gemeinderates von Heerdt, Neuss 1909 (enthält ebenfalls das Ergebnis der Abstimmung); Landeshauptstadt Düsseldorf (Hg.), 1909-1929. Die Stadt wächst durch Eingemeindungen. Materialien zur Düsseldorfer Stadtentwicklung, Düsseldorf 1980, S. 44; Stadtarchiv Düsseldorf, Die Eingemeindung von Heerdt-Oberkassel (1908-1909), Akte III 277.

Rein spekulativ ist natürlich die nicht ganz unzulässige Überlegung, wie das Abstimmungsergebnis über die Eingemeindung nach Düsseldorf einige Jahre vor dem 2.12.1908 ausgefallen wäre, als es noch keine (oder nur zwei) „berufene" („geborene") Ratsmitglieder gab und die Anzahl der Heerdter Ratsherren höher war als die der Oberkasseler. Insofern könnte der Titel der vorliegenden Facharbeit lauten „Die Bedeutung des Dreiklassenwahlrechts für das politische Schicksal einer preußischen Landgemeinde".

Resümee und Ausblick:
Der deutsche Weg zur Demokratisierung war mühsam und steinig; er war auch nicht gradlinig. Es gab in dem langen 19. Jahrhundert[29] Fortschritte und Rückschritte. Die sogenannte Oktoberverfasssung von 1918, die die Parlamentarisierung des Reiches einleitete, kam zu spät[30]. Bis zuletzt hat es in Deutschland kein Frauenwahlrecht gegeben, in Preußen keine allgemeine, gleiche und geheime Wahl, nur in den preußischen Kommunen eine direkte Wahl. Das rückschrittlichste Element haben wir nach systematischen, aber letztlich erfolgreichen Recherchen in der preußischen Landgemeindeordnung gefunden, die wir exemplarisch und lokal begrenzt im Zusammenhang mit der Ratsentscheidung über die Eingemeindung der Landgemeinde Heerdt nach Düsseldorf methodisch sauber untersucht und abschließend auf der Basis der Leitfrage nach dem Prozess der Demokratisierung bewertet haben. Dann hat die Novemberrevolution das eklatante Spannungsverhältnis zwischen der Legalität von Gesetzen und Verordnungen und der Legitimität der Forderungen des Volkes nach demokratischer Mitbestimmung auf allen politischen Ebenen nicht mehr ausgehalten und alles wie in einem plötzlich aufbrausenden Sturm hinweggefegt, so dass nach dem Ende des Ersten Weltkriegs mit der Weimarer Republik ein echter demokratischer (Neu-)Anfang möglich war. Weimar hatte eine reale Chance, die spätestens ab 1930 – und dann erst recht ab 1933 – vertan wurde. Daher sollten wir daraus gelernt haben und uns der Möglichkeiten, die uns im Westen seit 1949 bzw. ab 1989/90 allen Deutschen geboten werden, immer bewusst sein und uns offensiv für demokratische Werte, Tugenden und Verhaltensweisen einsetzen.

---

[29] Die Historiker nennen das 19. Jahrhundert (1789-1919) das „lange", das 20. Jahrhundert (1919-1989) das „kurze".
[30] Vgl. hierzu Ernst Rudolf Huber, Deutsche Verfassungsgeschichte seit 1789, Bd. V, Stutgart/Berlin/Köln/Mainz: Kohlhammer 1978, S. 584-600.

Die Mitglieder des Heerdter Gemeinderates 1902-1908

	1902	1904	1905	1906	Feb 08	Dez 08	Heerdt	Lörick	Niederk.	Oberk.	ja	nein	abwesend	gebor.Mitgl.	gewählt. M.
Bahners, Michael	X	X	X	X											
Balzer, Theodor					X	X				X	X			X	
Bohnen, Carl		X													
Brandt, Albert					X	X				X	X			X	
Burghartz, Michael	X	X	X	X	X	X				X	X			X	
Burg, Fritz	X	X													
Causin, Karl	X	X	X	X	X	X				X	X			X	
Champion, Carl Aug.	X	X	X	X	X	X				X		X		X	
Daelen, Rudolf	X	X	X												
Ecken, Adolf	X	X													
Dr. Eicker, Karl						X				X	X				X
vom Endt, Emil			X	X		X				X	X				X
Fausten, Ludwig	X														
Flor, Heinrich						X	X				X				X
Friedrichs, Karl						X	X					X			X
Görts, Julius			X	X		X	X					X			X
Dr. Grunenberg, Andr.					X	X				X		X		X	
Gruner, Karl	X	X	X	X											
Haring, Oskar						X	X				X				X
Hartmann, Wilhelm					X	X				X	X			X	
Heigenfeld, Peter			X	X		X	X				X				X
Hermes, Franz Anton	X	X	X	X	X	X	X				X			X	
Dr. Hesemann, Herm.						X	X				X				X
Honigsheim, Richard				X		X				X	X				X
Kappes, Wilhelm						X	X						X		X
Klein, Adolf					X	X				X		X		X	
Lemke, Richard					X	X				X		X		X	
Lemmer, Rudolf					X	X				X		X		X	
Leven, Johann	X	X	X	X	X	X		X			X			X	
Dr. Loewenstein, Artur			X	X		X				X	X				X
Lüttgens, Wilhelm						X				X	X				X
Müller, Paul						X	X					X			X
Niesen, Johann						X	X					X			X
Nix, Adolf					X	X				X		X		X	
Pampus, Max						X				X	X				X
Possberg, August						X	X				X				X
Reinarz, Heinrich	X	X	X	X	X	X	X				X			X	
Reinarz, Wilhelm			X												
Ruppert, Franz					X	X				X		X		X	
Sass, Sidi					X	X				X		X		X	
Schalljo, Wilhelm	X	X	X	X											
Schelling, Anton			X			X	X				X				X
Schmidt, Heinrich						X				X	X				X
Schmittmann, August		X	X	X		X			X		X				X
Dr. Schmitz, Wilhelm	X	X	X	X											
Schmitz	X														
Schnütgen, Rudolf					X	X				X		X		X	
Schumacher, Joseph	X	X	X	X	X	X				X	X				X
Schwab, Max				X		X				X	X				X
Titz, Heinrich	X	X		X		X				X	X				X
Vossen, Joseph	X	X	X	X		X			X		X				X
Westhoff, Eduard						X				X	X				X
S u m m e	18	18	20	20	18	41	13	1	2	25	27	13	1	17	24

13

Über den Autor:
www.klaus-bahners.de